AF406771

Marina Maghetti

AnimaMente Me

Poesie

EDIZIONI WE

ISBN 979-12-5497-088-1

©2023 Edizioni WE di Nicola Bergamaschi
Via Paulli 10/A – 26015 – Soresina (CR)

www.clickpertutti.com
www.edizioniwe.com
www.facebook.com/edizioniwe
www.instagram.com/edizioniwe
info@edizioniwe.com

PREFAZIONE
di Alberto Terzi*

Lei, la Poetessa, da un lato dice:

> *"Non cercare di capirmi,*
> *non toccarmi,*
> *sfiorami e amami."*

e, con altre rime, afferma:

> *"Ho rubato il segreto che ti nutre"*

quasi a significar che tu, da un momento all'altro, potresti ritrovarti nudo e magari affamato…

Sì, corri questo rischio nel leggere, gustare e meditare le poesie di Marina.

D'altra parte noi siamo

> *"Funamboli*
> *in cerca… di se stessi"*

e per ritrovarci non possiamo stare spaparanzati sul divano, sperando di fare esperienze esilaranti.

Non è da tutti camminare su una fune con sotto un precipizio, ma ci sono rischi da correre per vivere ben oltre il banale.

Anche ascoltare una poetessa può risultare molto utile.
Quindi,

> *"Avanti,*
> *fate il vostro gioco*
> *scegliendo una delle infinite prospettive del tempo e*

rien ne va plus…"
Lanciatevi, anche senza il paracadute,
per scoprire che vale la pena
volare e
scoprirete che le ali spunteranno."

Ecco alcuni brevi stimoli estratti dalle poesie di Marina Maghetti, lei che in ogni parola non si ferma mai in superficie, ma fa scaturire ogni intuizione dal profondo sentire, talvolta come un bisturi, sempre con un intento stimolante e nutriente.

Il suo essere donna, il suo essere astrologa evolutiva, il suo saper navigare tra i miti le permette di navigare dall'inferno al paradiso senza colpo ferire.

Vorrebbe osare ancor di più e dobbiamo augurarci che prima o poi lo faccia, perché

"compiere un atto eroico
è sana follia."

Alberto Terzi

Alberto Terzi, *sociologo, è un ricercatore e un formatore che da anni si occupa di prevenzione e di politiche giovanili sia come presidente del Centro Studi Prospettive di Come che come consulente ministeriale e ricercatore dell'Istituto IARD di Milano.*
È co-fondatore della federazione nazionale "Ridere per Vivere" e si occupa di gelotologia, studiando lo sviluppo della comicoterapia.

Le poesie sono senza tempo. E quando si raccolgono insieme creano un sottile legame tra passato presente e futuro. Indefinibile, di un colore a volte opaco altre volte chiaro, netto, deciso. E anche se i pensieri naufragano inesorabilmente nel domani si orientano a oggi, come l'autrice ci dice ripetutamente in Sono qui. Ma è solo un piccolo assaggio di un viaggio tra le parole e i flussi impetuosi dei suoi pensieri che si placano quando incontra l'amore. Una raccolta di poesie che Marina Maghetti, laureata in Filosofia presso l'Università degli Studi di Milano, insegnante oggi in una scuola primaria, ci vuole dare per consegnarci l'arte della parola e comprendere il suo linguaggio simbolico e farci immergere nella conoscenza di noi stessi. Un viaggio tra l'oscurità e la luce, tra baci e impossibilità di capirsi, di toccarsi, di sfiorarsi e amarsi. E mentre le sue parole vibrano attraverso un corpo che giace in un atto d'amore immenso, eterno e senza fine, una unione affiora dentro di noi dandoci la voglia di intrecciarci insieme, tra suoni, colori e atmosfere senza confini.

Giorgio Boccaccio

---

* **Giorgio Boccaccio**, *giornalista e scrittore.*

AnimaMente Me

◆

A te che hai l'ardire di varcare il Tempio della tua Anima

Ad Alberto, mio figlio, infaticabile viaggiatore di sogni

Ti avverto, chiunque tu sia. Oh tu che desideri sondare gli arcani della Natura, se non riuscirai a trovare dentro te stesso ciò che cerchi non potrai trovarlo nemmeno fuori. Se ignori le meraviglie della tua casa, come pretendi di trovare altre meraviglie? In te si trova occulto il Tesoro degli Dei. Oh Uomo, conosci te stesso e conoscerai l'Universo e gli Dei.

Iscrizione sul tempio dell'oracolo di Delphi

SONO QUI

Il futuro è ormai il passato
e se i pensieri naufragano
inesorabilmente nel domani
i sensi orientano il nostro oggi.

CON TE

Il flusso impetuoso dei miei pensieri
si placa nei tuoi
ricordandomi chi sono.

TENEBRE

L'oscurità avvolge i ricordi
che ardono sulle macerie della ragione.

PROSPETTIVA

Il senso delle mie parole
si rivelerà solo in questo istante
quando tu darai loro il tuo valore.

LE DUE VIE

Avrei voluto baciarti
non adularti
avrei svelato ciò che non so e non ho.
E poi?

SENTIRE

Non cercare di capirmi
non toccarmi
sfiorami e amami.

INEFFABILE

Ho rubato il segreto che ti nutre
e l'ho idealizzato.

INTRECCI

Le tue parole vibrano nelle mie
mentre il mio corpo giace sul tuo.
Tutto tace, tutto grida
nella pace ancestrale
della nostra unione.

RICORDI

La musica vibrante
un cane stridente.
Il cielo, la luce
invitanti, avvolgenti.
Spazio e tempo si perdono
nelle dissonanze delle mie emozioni.
Una fragile malinconia si infrange su distese di
indecifrabile abbandono.

OMBRE

Mi hai avvelenata e dissacrata
mi hai resa vulnerabile e indolente.
Quale via d'uscita ci sarà per me?
Quale riscatto?

IL BACIO

La bocca è il vestibolo dell'amore
e il bacio pregevole strumento per raggiungerlo.

RINASCITA

Avvinta dai sublimi moti dell'anima
infinitesimale particella del cosmo
lentamente mi apro a nuovi orizzonti di attesa.

SILENZIO

Il quieto cullare della mia presenza
disvela spazi senza tempo
e luoghi senza confini.

IO CERCO?

Cerco luce e trovo tenebre
cerco amore e trovo indifferenza
cerco di capire e mi confondo
cerco la felicità e trovo inquietudine.
Ecco l'errore: "L'IO CERCO"
tortura del cogito
che annienta il flebile flusso vitale
iato che ci costringe alla cieca dialettica degli opposti
frammento temporale di illusioni passate e future
caleidoscopio di occulte disfunzioni emotive.
La soluzione è il non averne alcuna
risiede nell'attesa priva di aspettativa
nell'accogliere
nel lasciare che la vita sia
che si manifesti nelle sue più autentiche forme.

ANTINOMIE

Lievi e pure forme di pensiero
sole si congiungono alla più carnale passione.

PERDERSI

Dolce e profondo
è il perdermi tra le tue braccia
Nirvana sospeso nel tempo
colto nel silenzio e nella quiete dell'anima
in cui dimora il mio autentico sé.

POLARITÀ

Io mi sono persa e tu mai
In questo iato risiede l'alchimia della nostra attrazione e
repulsione.

IL SACRILEGIO

L'atto sacrilego si è compiuto:
sono stata crocifissa e ora giaccio nel mefitico sepolcro
con i morti, nella morte, da morta.

LA BELLEZZA

Esiste un tempo senza tempo
in cui le stelle si svelano
allo sguardo ignaro
di due anime gentile.

PURIFICAZIONE

Cupa la pioggia scorre nelle mie vene
copiosa non rivela altro da sé.
Lavacro dell'anima
dal suo emergere risana il dolore contratto
ridesta il sentire
riporta nell'attesa le pieghe del volere.

PRIMAVERA

S'appresta l'anima a mite primavera.
Arretra repentina
avanza con baldanza.
La sua danza risiede nel ritmo
nel caldo respiro dei flutti marini
nel greve pulsare della terra.
Attende sospesa l'estate
soglia oltre il confine dei suoi desideri
dell'umano sentire.

IL CAMMINO
Rimbalza, ribatte, riparte
La gioia dei tanti astanti.
Rinnova, rinasce, si fa arte
la gioia dei soli viandanti.

INCONTRI

Dammi la mano ieratico errante
E riposa in me.
Dammi la mano
tu che aneli all'infinito.
Cingi la vita ai miei fianchi
afferra le mie mani
inatteso risveglio delle antiche memorie.

TRA LE STELLE

Ninna nel canto l'antica mia stella
proprio me
che fui sua adorata sorella.

IL MARE

Maestoso e incessante
ondeggia vibrante
il suo turchino manto.
Culla diletta di inseparabili amanti
di fate marine e di sommersi diamanti.

RICORDI ESTIVI

Emozioni rinate
nel vivido riflesso di fresche e tiepide giornate.
Una magica notte d'estate
a scandire il ritmo gioioso di piccoli esploratori
danzanti intorno a un fuoco.

L'ABBANDONO

Un riso forzato
argine di un inatteso destino
a segnare un doloroso distacco.

L'AUTOILLUSIONE

Fiera e sognante
navigavo in abili chimere.
Incerta dell'avvenire
mi affacciavo all'ignoto divenire.

LA PROVA

Smarrita e dormiente
l'anima soggiace dimessa
fragile riflesso di giovane donna
trattenuta dalla morsa letale.
Lei (la malattia), dalle austere e gelide vesti
ridesta e risana l'antico fuoco sacro
di un alchemico sentire.

IL SENSO

Funanboli
in cerca… di se stessi
mio adorato.

LA RUOTA

Riposa la terra nell'oscuro grembo
feconda e greve
annuncia il ciclico errare dell'anima.

ALCOVA

Dimora in me e io in te
come il cielo nelle stelle
al tiepido quietar della notte
di ombre vestita
e di riflessi impreziosita.

AMORE

A te che ci accompagni
sigillo di luce nato dall'incontro di due anime erranti
hai del sole la forza e della luna la dolcezza.
Benigno custodisci gli antichi sacri cuori.

LA LUNA

Stupita mi colse la candida luna
diamantina e sinuosa
nel tondo sospirare dei suoi echi
rapita arretrai per specchiarmi nella sua eterea luce.

PRESENZA

Respira i silenzi dell'anima
rapita dall'immobile manto della notte
perché breve è il fluire del tempo
nell'eterno movimento del flusso

IL VIAGGIO

Andare è ritornare
al luogo da cui sei partito
te stesso.

PROSPETTIVE

La perdita è il limite che diamo a noi stessi.

CONNESSIONI

Le stelle riposano nel grembo del mio cuore
a un passo da te.

L'INDECIFRABILE SENTIRE

Veli di sottili bagliori
infiniti giocano sull'argenteo tondo lunare
che immobile trafigge ogni tacito e segreto sussulto
dell'anima
disperdendolo nel buio silenzio della notte.

ANTRI SEGRETI

I sacri giardini
fioriscono al suono di quei passi
che schiudono il portale dell'anima.

POSSIBILITÀ

Avanti,
fate il vostro gioco
scegliendo una delle infinite prospettive del tempo e
rien ne va plus…

NUOVA PERCEZIONE

Nuvole,
lente brucano nei pascoli del cielo
e meste accompagnano il mio incessante errare.
Questi solo sono i giorni che si intrecciano al niente
per poi darsi al tutto.
Quando lo sguardo si veste di sensi
per poi immergersi vergine nell'eterno presente.

INNAMORARSI

Come vento gentile
l'amore accarezza le pieghe del tempo
colto nel fugace sguardo del darsi dell'anima mia.

LA TUA ESSENZA

Nell'istante del tempo
Immagini la tua essenza
annientata da vortici di luci e ombre.
Solo nel breve fruscio del nulla
profumi di lei.

ATTESA

Nell'ombra del silenzio
l'eco lontano dei tuoi passi
squarcia gli abissi del mio attendere.

ATTIMI

Sospesa tra cielo e terra
tra zefiri di dolce brezza
impastati a campi d'estate
arresto quieta la mia danza
e amena mi scaldo al divenire del mio Sole.

SEMPLICITA'

Si scioglie in un gesto
l'attesa di un lieve moto interiore.

ELEMENTI

E fui terra nel sole infuocato del meriggio
e mare nelle fredde onde del tempo
che respirano di vento profumato di eterno.

IL SOLE

Sapienza analogica
paradigma ingenerato di puro Amore
irraggiare necessitato di vita
non sei da scoprire, capire, sezionare
ma da intuire, sfiorare, assaporate.

ESSERE

I passi si abbreviano
e sussurrati si fanno le onde d'alba.
Il battito si scioglie in un lieve guizzo di pelle.
L'anima, fresco fiore nascente
accompagna il divenire del Sole raggiante.
Tutto tace, tutto grida
nel ventre del mio Essere.

PENSIERI

Silenzi remoti solcano la scia di placidi pescherecci
dondolando i pensieri si stagliano sull'orizzonte del nulla.
Ti penso
in cerca di piccole pietruzze di mare.

RISVEGLIARSI

Quante invocazioni!
Quante evocazioni!
Ritrova involucri
vesti involucri
ma ritorna a te.

TRA ESSERE E DIVENIRE

Otre il sopra e oltre il sotto
si ripara l'inconfutabile possibilità del Divenire
e nel mentre prende forma la pienezza dell'Essere
che si pasce tra le stelle fisse.

L'INEFFABILE

Flebili segni
involucri di niente
attraversano l'apparire dei miei giorni
nella smisurata apologia dell'Essere
slegata dalla mutevole epistemologia
a noi non rimangono che il sospiro del vento
la cadenza dell'acqua
il tormento del fuoco
il travaglio della terra
nell'atto del loro divenire.

I DONI

Occhi di luce
Logos vivente di incarnata memoria
eroe dello spirito
nel sacro pensiero
dispieghi distillati di energia
nel dono di te.

CORSI E RICORSI

Intimo respiro d'amore
oltrepassi la soglia del melanconico sospiro
ti ergi sovrano al sorgere del sole
piegando ogni mesto soffrire.

ATTIMI DI ETERNO

Trafitto nell'antro del tempo
mi desto in fugaci immersioni di eterno
risuono di arcane potenze
trafitto di luce trasfigurante.

CONFORTO

Ovattate e languide sfere lattiginose
sorrette dalle ali del cielo
benigne inondate il mio cuore contratto
spargendolo di lacrime di stelle.

VELATURE

Punti di luce increspano memorie diamantine.
Il tempo attraversa le mie membra
le immagini proiettano antiche rovine di solitudine.
Il silenzio dissacra l'illusione dell'improvviso volgere del
karma
trasmutando l'essere in quieta presenza di fine che
trascende il mezzo

AD ALBERTO

Tu, sinfonia di gesti annunciati
tu, lieve polvere di stelle luccicante
tu, pensiero a scacchi, intarsiato di leggere ali di vento
tu, anima scolpita nella mia carne
sei il silenzio che grida nei tuoi occhi
riverberandosi nei miei
che da lontano incontrano i tuoi

LA CORONA DELLA REGINA – COVID

È tempo che io ti lasci andare
Infinitesimale frattale d'universo
presenza irrequieta e squillante.
Porti al contempo il dono della stasi del corpo e la vacuità
dei moti dell'anima.
Piccolo specchio di cielo e di tormenti
presenza silente, richiedi l'esclusività e l'ascolto.
Gridi indignato, oppresso dal mio incosciente diniego
ma subito ti plachi nell'attimo del tuo riconoscimento.
Sì, ora io ti vedo come parte di me
fragile e desideroso d'amore.
La magia dello specchio, mio piccolo ospite, ti libera e mi
pacifica.
È tempo che tu mi lasci andare
libera dalla paura di essere libera.

FOLLIA

Incauta matrigna di stolti cortigiani
superba oltrepassi i confini del limite
arrogante amplifichi i sensi umani
confondendone il naturale ordine.
Signora senza tempo, impietosa
cali le tue tenebre sul chiaro intelletto.
Nel tuo incedere disveli all'ignaro schiavo
il bagliore di una scintilla divina
esibendo istantanee di pura follia
chiamate NORMALITA'.

IO

Muta icona di me stessa
sono il cielo nel mutare delle nuvole
sono la luce che disvela l'ombra
sono la terra impastata tra le mani e le lacrime
sono l'acqua che fresca scorre via al volgere del giorno
sono io.

TORNO A ME

- 49 -

Ove è possibile compiere un atto eroico
è sana follia.
Torno a me
con me
per me.
Torno a casa
torno nel grembo della mia anima
impastata di terra, cielo e riverbero di stelle.
Non posso far altro che riconoscerla per riconoscermi unica.

NOTE SULL'AUTRICE

Marina Maghetti, poetessa.

Nata a Como il 25 luglio 1976, è laureata in Filosofia presso l'Università degli Studi di Milano.

Figura poliedrica, attualmente insegnante di scuola Primaria, da anni è cultrice della disciplina arte della parola. Dopo anni di formazione presso la scuola di Lidia Fassio, Eridano School, nel 2015 consegue il diploma in Astrologia Evolutiva, diventando successivamente consulente olistico ad indirizzo astrologico.

Nel 2017 consegue il titolo di costellatrice ad approccio immaginale presso Imaginal Academy, la scuola di Psicogenealogia e Costellazioni familiari diretta da Selene Calloni Williams.

Sempre nel 2017 pubblica alcune sue poesie all'interno della collana Ispirazioni edita dalla casa editrice Pagine.

Nel 2019 collabora con il Giornale di Como curando la rubrica online l'Astrologia: compagna di viaggio dei genitori alla scoperta della vera natura del loro bambino.

Instancabile ricercatrice dell'anima, Marina Maghetti ritiene importante comprendere e affinare il linguaggio simbolico da diverse prospettive per addentrarsi sempre più nella conoscenza di se stessi.

INDICE